ALPHABET

A L'USAGE

DE LA JEUNESSE HAÏTIENNE

SUIVI

D'UN RÉSUMÉ

DE LA GÉOGRAPHIE, DE L'HISTOIRE ET DE LA CHRONOLOGIE
DE L'ILE D'HAITI JUSQU'EN 1859.

PARIS
ÉMILE MELLIER, LIBRAIRE

17, RUE PAVÉE-SAINT-ANDRÉ.

Paris. — Imprimé chez Bonaventure et Ducessois, 55, quai des Augustins.

Au nom du Père, et du Saint-Esprit, du Fils, Ainsi soit-il.

MAJUSCULES.

A B C D E F
G H I J K L M
N O P Q R S
T U V X Y Z

MINUSCULES.

a b c d e f g h
i j k l m n o p
q r s t u v x y z

1859

MAJUSCULES ITALIQUES.

A B C D E F G H I
J K L M N O P Q R
S T U V X Y Z

MINUSCULES ITALIQUES.

a b c d e f g h i j k l m
n o p q r s t u v x y z

Il y a deux sortes de lettres : les articulations ou consonnes, les sons ou voyelles :

Il y a *dix-neuf* articulations ou consonnes :

**b c d f g h j k l m n p q
r s t v x z**

Il y a *six* sons ou voyelles simples :

a e i o u y

Voyelles composées.

æ œ ie au eu ou eau

Voyelles diphthongues et triphthongues.

ai ei ieu iou iu oi oy oui ui

Il y a quatre sortes d'accents sur les voyelles, qui sont :

L'accent aigu . . . . é.
L'accent grave . . . . . . à è ì ò ù.
L'accent circonflexe . . â ê î ô û.
Le tréma . . . . ä ë ï ö ü.

Ponctuations.

. *point.*	, *virgule.*
; *point et virgule*	: *deux points.*
? *point d'inter-rogation.*	! *point d'ex-clamation.*
' *apostrophe.*	- *trait d'union.*
— *interlocutif.*	» *guillemet.*
() *parenthèse.*	§ *paragraphe.*
* *astérisque.*	[] *crochets.*

Syllabes de deux lettres, ou sons formés d'une consonne et d'une voyelle.

ba	be	bi	bo	bu
ca	ce	ci	co	cu
da	de	di	do	du
fa	fe	fi	fo	fu
ga	ge	gi	go	gu
ha	he	hi	ho	hu
ja	je	ji	jo	ju
ka	ke	ki	ko	ku
la	le	li	lo	lu
ma	me	mi	mo	mu
na	ne	ni	no	nu
pa	pe	pi	po	pu
qua	que	qui	quo	quu
ra	re	ri	ro	ru
sa	se	si	so	su
ta	te	ti	to	tu
va	ve	vi	vo	vu
xa	xe	xi	xo	xu
za	ze	zi	zo	zu

Sons formés d'une voyelle et d'une consonne.

ab	eb	ib	ob	ub
ac	ec	ic	oc	uc
ad	ed	id	od	ud
af	ef	if	of	uf
ag	eg	ig	og	ug
ah	eh	ih	oh	uh
al	el	il	ol	ul
am	em	im	om	um
an	en	in	on	un
ap	ep	ip	op	up
ar	er	ir	or	ur
as	es	is	os	us
at	et	it	ot	ut
av	ev	iv	ov	uv
ax	ex	ix	ox	ux
az	ez	iz	oz	uz

Syllabes de trois lettres.

bla	ble	bli	blo	blu
bra	bre	bri	bro	bru

cha	che	chi	cho	chu
cla	cle	cli	clo	clu
cra	cre	cri	cro	cru
dra	dre	dri	dro	dru
fla	fle	fli	flo	flu
fra	fre	fri	fro	fru
gla	gle	gli	glo	glu
gra	gre	gri	gro	gru
pha	phe	phi	pho	phu
pla	ple	pli	plo	plu
pra	pre	pri	pro	pru
qua	que	qui	quo	quu
rha	rhe	rhi	rho	rhu
sça	sçe	sçi	sço	sçu
sca	sce	sci	sco	scu
spa	spe	spi	spo	spu
sta	ste	sti	sto	stu
tha	the	thi	tho	thu
tra	tre	tri	tro	tru
vra	vre	vri	vro	vru

MOTS.

A-mi, â-ne, bête, bê-che, ca-fé, ca-ge ce-ci, cô-té, cu-ré, da-me, dé-fi, dî-né, du-pe, é-pi, fê-te, fi-che, ga-ze, gî-te, î-le, ju-pe, li-gne, li-re, lu-ne, ma-ri, mè-re, mi-di, or-me, pail-le, pa-pa, pi-pe, po-che, pu-ce, râ-pe, ro-che, rô-ti, sa-ge, sé-ve, si-gne, ta-che, tê-te, tôle, ur-ne, va-che, vi-de, vi-gne, zè-le, zé-ro.

A-me, bû-che, ca-ve, cô-te, da-te, dé-jà, de-mi, é-té, é-cu, fè-ve, gâ-che, ga-la, ju-ge, la-me, li-me, mo-de, pa-vé, pa-ri, pé-ché, ra-me, ra-ve, ri-che, rô-le, tê-tu, vi-ce.

A-va-ri-ce, a-rê-te, bo-bè-che, ba-ga-ge, ca-ba-ne, ca-na-pé, cé-le-ri, co-lè-re, di-gni-té, do-mi-no, é-co-le, é-cail-le, é-cu-me, é-pi-ne, fi-gu-re, gi-ra-fe, ju-ju-be, lé-gu-me, ma-da-me, na-tu-re, o-li-ve, pe-lo-te sa-la-de.

PHRASES.

Le dî-né, u-ne bû-che, le rô-ti, du *cé*-le-ri, u-ne ca-*g*e, ma mè-re, la fi-gu-re, du ca-fé, la vi-gne, le *ci*-ra-*g*e, u-ne ta-che u-ne pu-*ce*, la *g*i-ra-fe, la ca-ve, u-ne li-me, le pa-ri, la cha-ri-té, la *ci*-ga-le, u-ne mé-da*i*l-le, *ce-ci*, le chê-ne, le *ci*-gare, u-ne cho-pi-ne, le si-gne, u-ne me-na-*ce*, la ba-ta*i*l-le, la ra-*g*e, u-ne vi-pè-re, le ju-*g*e.

Le jo-li ca-na-pé, le pè-re ché-ri, la ca-ba-ne so-li-de, le pa-vé u-ni, u-ne pe-ti-te ta*i*l-le, u-ne fu-ta*i*l-le vi-de, u-ne sa-la-de de *cé*-le-ri, la po-che de la ca-po-te, la cage de la li-not-te, la tê-te de la *g*i-ra-fe, u-ne ta-che de *ci*-ra-*g*e, la fê-te de pa-pa, la so-li-di-té de la ca-ba-ne.

CHIFFRES.

1	2	3	4	5	6	7	8	9	0
un	deux	trois	quatre	cinq	six	sept	huit	neuf	zéro

TABLEAU DES CHIFFRES.

ROMAINS.	ARABES.	DÉSIGNATIONS.
I	1	Un
II	2	Deux
III	3	Trois
IV	4	Quatre
V	5	Cinq
VI	6	Six
VII	7	Sept
VIII	8	Huit
IX	9	Neuf
X	10	Dix
XI	11	Onze
XII	12	Douze
XIII	13	Treize
XIV	14	Quatorze
XV	15	Quinze
XVI	16	Seize
XVII	17	Dix-sept
XVIII	18	Dix-huit
XIX	19	Dix-neuf
XX	20	Vingt
XXX	30	Trente
XL	40	Quarante
L	50	Cinquante
LX	60	Soixante
LXX	70	Soixante-dix
LXXX	80	Quatre-vingts
XC	90	Quatre-vingt-dix
C	100	Cent
CC	200	Deux cents
CCC	300	Trois cents
CD	400	Quatre cents
D	500	Cinq cents
M	1000	Mille

TABLEAU DE MULTIPLICATION.

2	fois	2	font	4	5	fois	9	font	45
2		3		6	5		10		50
2		4		8	5		11		55
2		5		10	5		12		60
2		6		12	6	fois	6	font	36
2		7		14	6		7		42
2		8		16	6		8		48
2		9		18	6		9		54
2		10		20	6		10		60
2		11		22	6		11		66
2		12		24	6		12		72
3	fois	3	font	9	7	fois	7	font	49
3		4		12	7		8		56
3		5		15	7		9		63
3		6		18	7		10		70
3		7		21	7		11		77
3		8		24	7		12		84
3		9		27					
3		10		30	8	fois	8	font	64
3		11		33	8		9		72
3		12		36	8		10		80
					8		11		88
4	fois	4	font	16	8		12		96
4		5		20					
4		6		24	9	fois	9	font	81
4		7		28	9		10		90
4		8		32	9		11		99
4		9		36	9		12		108
4		10		40	10	fois	10	font	100
4		11		44	10		11		110
4		12		48	10		12		120
5	fois	5	font	25	11	fois	11	font	121
5		6		30	11		12		132
5		7		35					
5		8		40	12	fois	12	font	144

Oraison dominicale.

No-tre Pè-re, qui ê-tes aux ci-eux, que vo-tre nom soit sanc-ti-fié; que vo-tre rè-gne ar-ri-ve; que vo-tre vo-lon-té soit fai-te sur la ter-re com-me au ci-el. Don-nez-nous au-jour-d'hui no-tre pain quo-ti-dien, par-don-nez-nous nos of-fen-ses, com-me nous par-don-nons à tous ceux qui nous ont of-fen-sés; et ne nous lais-sez pas suc-com-ber à la ten-ta-tion; mais dé-li-vrez-nous du mal. Ain-si soit-il.

Salutation angélique.

Je vous sa-lue, Ma-rie, plei-ne de grâ-ce; le Sei-gneur est avec vous; vous ê-tes bé-nie en-tre tou-tes les fem-mes, et Jé-sus, le fru-it de vos entrail-les, est bé-ni.

Sain-te Ma-rie, mè-re de Di-eu, pri-ez pour nous, pau-vres pé-cheurs, main-te-nant et à l'heu-re de notre mort. Ain-si soit-il.

Symbole des Apôtres.

Je crois en Dieu, le Père tout-puissant, créateur du ciel et de la terre ; et en Jésus-Christ, son fils unique, notre Seigneur, qui a été conçu du Saint-Esprit, est né de la vierge Marie, qui a souffert sous Ponce-Pilate, a été crucifié, est mort et a été enseveli ; est descendu aux enfers ; le troisième jour, est ressuscité d'entre les morts ; est monté aux cieux ; est assis à la droite de Dieu, le Père tout-puissant, d'où il viendra juger les vivants et les morts.

Je crois au Saint-Esprit, à la sainte Église catholique, à la communion des Saints, à la rémission des péchés, à la résurrection de la chair, à la vie éternelle. Ainsi soit-il.

Confession des péchés.

Je me confesse à Dieu, tout-puissant, à la bienheureuse Marie, toujours vierge, à saint Michel, archange, à saint Jean-Baptiste, aux apôtres saint Pierre et saint Paul, à tous les Saints, et à vous mon père, parce que j'ai péché par pensées, par paroles, par actions et par omissions. C'est ma faute, c'est ma faute, c'est ma très-grande faute. C'est pourquoi je supplie la bienheureuse Marie, toujours vierge, saint Michel, archange, saint Jean-Baptiste, les apôtres saint Pierre et saint Paul, tous les Saints et vous, mon père, de prier pour moi le Seigneur, notre Dieu.

Acte de Foi.

Mon Dieu, je crois fermement tout ce que croit et enseigne la sainte Église, parce que c'est vous qui l'avez dit, et que vous êtes la vérité même.

Acte d'Espérance.

Mon Dieu, j'espère de votre bonté infinie que vous me donnerez votre grâce en ce monde, et le paradis dans l'autre, par les mérites de votre cher Fils, notre Seigneur Jésus-Christ, parce que vous l'avez promis, et que vous êtes fidèle à vos promesses.

Acte de Charité.

Mon Dieu, je vous aime de tout mon cœur et par-dessus toutes choses, parce que vous êtes infiniment bon et infiniment aimable; j'aime aussi mon prochain comme moi-même, pour l'amour de vous.

Prière à la sainte Vierge.

Très-sainte Vierge, mère immaculée de notre Seigneur Jésus, je ne suis qu'un enfant, mais je vous aime, parce que vous êtes la bonté même. Priez pour moi votre divin Fils, afin qu'il écarte de mon cœur l'idée du mal, qu'il y fasse naître l'amour du bien, et qu'il daigne inspirer aujourd'hui et toujours toutes mes pensées, toutes mes paroles et toutes mes actions. Sainte Vierge Marie, priez pour moi.

Prière à son Ange gardien.

Mon bon Ange, vous qui veillez sans cesse à mes côtés, soyez en ce jour, comme vous l'avez été jusqu'à présent, mon protecteur, mon guide tutélaire. Soutenez-moi dans mes efforts pour éviter le péché; aidez-moi à vivre chrétiennement et à mériter, par une conduite pure et sans tache, d'être du nombre de ces élus auxquels Dieu, dans sa bonté infinie, a promis les éternelles récompenses de l'autre vie.

Les Commandements de Dieu.

Un seul Dieu tu adoreras
Et aimeras parfaitement.
Dieu en vain tu ne jureras,
Ni autre chose pareillement.
Les dimanches tu garderas,
En servant Dieu dévotement.
Tes père et mère honoreras,
Afin de vivre longuement.
Homicide point ne seras,
De fait, ni volontairement.
Luxurieux point ne seras,
De corps ni de consentement.
Le bien d'autrui tu ne prendras,
Ni retiendras à ton escient.
Faux témoignage ne diras,
Nimentiras aucunement.
L'œuvre de chair ne désireras
Qu'en mariage seulement.
Biens d'autrui ne convoiteras
Pour les avoir injustement.

Les Commandements de l'Église.

Les Dimanches la messe ouïras,
Et Fêtes de commandement.
Tous tes péchés confesseras,
A tout le moins une fois l'an.
Ton Créateur tu recevras
Au moins à Pâques humblement.
Les Fêtes tu sanctifieras,
En servant Dieu dévotement.
Quatre-temps, Vigile jeûneras,
Et le Carême entièrement.
Vendredi chair ne mangeras,
Ni le Samedi mêmement.

PRIÈRE

Pour attirer les bénédictions de Dieu sur le peuple d'Haïti.

Seigneur, Dieu tout-puissant, Dieu de grâce et de bonté, bénissez votre peuple fidèle. Daignez répandre sur nous les trésors de votre miséricorde infinie; faites luire sur nous des jours heureux. Donnez-nous la paix, la joie, l'abondance, l'union des volontés et des cœurs dans votre saint amour. Inspirez-nous cette force dans le bien, cette ardeur dans le travail, cette persévérance dans la vertu, cet esprit d'obéissance à vos divins commandements, qui font grandir et prospérer les nations.

Nous sommes dans vos mains, Seigneur; nous élevons humblement, mais avec confiance, nos regards et nos cœurs vers vous.

Premières notions sur la mesure du temps.

No-tre an-née se com-po-se de dou-ze mois, qui sont jan-vier, fé-vrier, mars, a-vril, mai, juin, juil-let, a-oût, sep-tem-bre, oc-to-bre, no-vem-bre, et dé-cem-bre.

Les mois ont tren-te ou tren-te et un jours. Les sept mois de tren-te et un jours sont : jan-vier, mars, mai, juil-let, a-oût, oc-to-bre, et dé-cem-bre. Les au-tres mois ont tren-te jours, à l'ex-cep-tion de fé-vrier, qui a or-di-nai-re-ment vingt-huit jours, et vingt-neuf jours tous les qua-tre ans.

Dans u-ne an-née il y a cin-quan-te-deux se-mai-nes. La se-mai-ne est de sept jours, qui sont: di-man-che, lun-di, mar-di, mer-cre-di, jeu-di, ven-dre-di et sa-me-di. Le di-man-che est le jour con-sa-cré au re-pos.

Le jour est de vingt-qua-tre heu-res.

U-ne an-née est or-di-nai-re-ment com-po-sée de trois cent soi-xan-te-cinq jours, et de trois cent soi-xan-te-six quand le mois de fé-vrier a vingt-neuf jours. Lors-que l'an-née a trois cent soi-xan-te-six jours, on l'ap-pel-le bis-sex-ti-le. Cent an-nées for-ment un siè-cle.

Il y a dans cha-que an-née qua-tre sai-sons : le prin-temps, qui com-men-ce en mars, l'au-tom-ne en sep-tem-bre, l'é-té en juin, et l'hi-ver en dé-cem-bre. L'an-née com-men-ce le pre-mier jan-vier. Cha-que sai-son du-re trois mois ; mais il y a quel-ques jours de plus dans le prin-temps et l'é-té que dans l'hi-ver et l'au-tom-ne.

La ter-re que nous ha-bi-tons est ron-de. Elle tour-ne en un jour sur el-le-mê-me, et en un an au-tour du so-leil, d'où lui vien-nent la cha-leur et la lu-miè-re.

La lu-ne, qui é-clai-re nos nuits, tour-ne au-tour de la ter-re ; elle ti-re é-ga-le-ment sa lu-miè-re du so-leil.

Maximes religieuses.

Il n'y a qu'un seul Dieu; c'est Dieu qui a fait tout ce qui est.

Dieu a l'œil dans tous les lieux; il voit dans tous les cœurs.

C'est de Dieu que je tiens tout ce que j'ai.

Il vaut mieux rougir devant les hommes que de blesser sa conscience devant Dieu.

Ne rendez à personne le mal pour le mal, et ayez soin de faire le bien, non-seulement devant Dieu, mais aussi devant les hommes.

Dieu aime celui qui fait l'aumône avec joie.

Celui qui agit injustement recevra la peine de son injustice, Dieu n'ayant point égard à la condition des personnes.

Souffrez avec patience les afflictions qui vous arrivent. Dieu vous traite en cela comme ses enfants. Et quel est l'enfant qui ne soit châtié par son père?

A quelque chose malheur est bon. N'accusons jamais la Providence.

Maximes morales.

Aide-toi; le ciel t'aidera.
Le temps perdu ne se retrouve jamais.
Labourez pendant que le paresseux dort; vous aurez du blé à vendre et à garder.
L'homme ne recueillera que ce qu'il aura semé.
Ne fais pas à un autre ce que tu ne veux pas qu'on te fasse.
Un cœur bien disposé rend les pieds légers.
Celui qui a commis quelque mal a peur de l'ombre de son corps.
La santé et l'innocence sont les vraies sources de la joie.
L'activité du jeune âge, le courage de l'âge mûr, la sagesse du vieil âge, sont bons en tout temps.
Que serez-vous étant vieux, sinon ce que vous vous êtes habitué à être étant jeune?
Ce que l'on fait avec plaisir et avec amour se fait sans fatigue et sans peine.
Homme sans éducation, corps sans âme.
Il n'est pas difficile de blâmer les défauts des autres; la difficulté est de se corriger des siens.

Devoirs envers la Famille.

L'enfant à tout âge doit honneur et respect à son père et à sa mère.

Il doit leur obéir en tout jusqu'à sa majorité; il ne peut quitter la maison paternelle sans leur permission.

L'enfant doit soigner son père, sa mère et ses autres ascendants dans leur vieillesse et dans leurs maladies; il doit leur fournir des aliments quand ils sont dans le besoin.

Le fils qui est sage est attentif aux conseils de son père; mais celui qui est insensé se moque et n'écoute point quand on le reprend.

Le père et la mère sont obligés de nourrir, d'entretenir et d'élever leurs enfants.

Ils doivent les former à la probité et aux bonnes mœurs, et les habituer à l'accomplissement de tous les devoirs d'honnête homme et de bon citoyen.

Ils sont tenus de les exercer au travail et de leur faire donner l'instruction que leur position comporte.

Chaque citoyen doit s'assurer à lui-même et assurer aux siens, par le travail, des moyens d'existence, et, par la prévoyance, des ressources pour l'avenir.

Devoirs envers la Patrie et la Société.

Le citoyen doit aimer sa patrie, la servir, la défendre même au prix de sa vie.

Chacun doit concourir au bien-être commun en secourant fraternellement autrui, et à l'ordre général en observant les lois morales et les lois écrites qui régissent la société.

Règles de conduite.

Faire mal ce que l'on fait ennuie et dégoûte; faire bien amuse et intéresse.

Il n'y a point d'art, point de métier, où l'on ne puisse apprendre chaque jour quelque chose. L'ignorant et le paresseux sont les seuls qui croient tout savoir.

Voulez-vous devenir riche ; n'apprenez pas seulement comment on gagne, sachez aussi comment on ménage.

Quand vous avez à parler ou à agir, faites-le doucement, posément ; l'étourderie et l'irréflexion sont le principe de la plupart de nos fautes.

Ne mentez jamais ; le mensonge est le vice des âmes basses.

Hygiène.

L'hygiène est l'art de conserver la santé. C'est une vertu encore plus qu'un art, car elle consiste particulièrement dans l'absence des passions violentes, des excès et des vices qu'elles engendrent, dans la sagesse des désirs et la prudence de la conduite, dans l'exercice modéré du corps et de l'esprit, dans la propreté, dans la régularité du régime.

LECTURES MORALES.

Le Travail et la Paresse.

L'homme est né pour le travail; le paresseux est le plus incomplet et le plus inutile des êtres.

Le travail rend la vie douce et fait que l'on n'en sent point les ennuis. La vie de l'oisif n'est pas une vie, c'est une plainte.

Le travail est la source de toutes les vertus. La paresse est la mère de tous les vices.

Le travail développe et fortifie tout à la fois l'intelligence et le corps. La paresse engourdit et consume inévitablement l'un et l'autre.

Le travail est agréable à Dieu. La paresse offense mortellement celui qui a dit à l'homme : Tu mangeras ton pain à la sueur de ton front.

Le jeune âge est le temps de la semence, et la vieillesse le temps de la récolte des fruits. Quelle récolte peut espérer celui qui n'a pas semé en son jeune âge?

L'homme laborieux meurt regretté de tous et vénéré de ses enfants, auxquels il laisse, avec le souvenir de ses vertus, une belle part d'héritage. Le paresseux s'éteint au milieu de l'indifférence universelle, et ses enfants, qui ne lui doivent rien, se hâtent d'oublier sa mémoire.

Le Bon Fils.

Dans une contrée de l'Europe, un enfant, placé à l'École militaire, se contentait, depuis plusieurs jours, de la soupe et du pain sec avec de l'eau. Le gouverneur, averti de cette singularité, l'en reprit, attribuant cela à quelque excès de dévotion mal entendue. Le jeune enfant continuait toujours sans découvrir son secret. Le gouverneur, étonné de cette persévérance, le fit venir de nouveau, et, après lui avoir doucement représenté combien il était nécessaire de faire comme les autres élèves et de se conformer à l'usage de l'école, voyant qu'il ne s'expliquait pas sur les motifs de sa conduite, il fut contraint de le menacer, s'il ne se réformait, de le rendre à sa famille. « Hélas! monsieur, lui dit alors l'enfant, vous voulez savoir la raison que j'ai d'agir comme je le fais; la voici : dans la maison de mon père, je mangeais du pain noir en petite quantité; nous n'avions souvent que de l'eau à y ajouter; ici je mange de bonne soupe, le pain est bon, blanc et à discrétion; je trouve que je fais grande chère, et je ne puis me résoudre à manger davantage, me souvenant de la situation de mon père et de ma mère. »
Le gouverneur ne put retenir ses larmes, en voyant la sensibilité et la fermeté de cet enfant : « Votre père a été militaire, lui dit-il; pourquoi n'a-t-il pas une pension? — Pendant un an il en a sollicité une, répondit le jeune élève; le défaut d'argent l'a forcé d'y renoncer et de retourner dans son pays. — Eh bien! dit le gouverneur, si le fait est aussi vrai qu'il le paraît dans votre bouche, je vous promets de lui en obtenir une. Puisque vos parents sont si peu à leur aise, ils n'ont vraisemblablement pas dû vous bien garnir le gousset; tenez, voici trois louis pour vos menus plaisirs; et quant à M. votre père, je lui enverrai d'avance la moitié de la pension que je me suis engagé à lui obtenir. — Monsieur, reprit l'enfant, comment ferez-vous pour lui envoyer cet argent? — Ne vous en inquiétez pas, répondit le gouverneur, nous en trouverons le moyen. — Ah! monsieur, dit alors l'enfant, puisque vous avez cette facilité, remettez-lui aussi les trois louis que vous venez de me donner : ici j'ai de tout en abondance; cet argent me serait inutile, il fera grand bien à mon père pour ses autres enfants. »

L'Enfant gâté.

Une dame d'esprit avait un fils, et craignait si fort de le rendre malade en le contredisant, qu'il était devenu un petit tyran, et entrait en fureur à la moindre résistance qu'on osait faire à ses volontés les plus bizarres. Le mari de cette dame, ses parents, ses amis lui représentaient qu'elle perdait ce fils chéri : tout était inutile. Un jour qu'elle était dans sa chambre, elle entendit son fils qui pleurait dans la cour : il s'égratignait le visage de rage, parce qu'un domestique lui refusait une chose qu'il voulait : « Vous êtes bien impertinent, dit-elle à ce valet, de ne pas donner à cet enfant ce qu'il vous demande ! donnez-le lui tout de suite. — Par ma foi, madame, lui répondit le valet, il pourrait crier jusqu'à demain qu'il ne l'aurait pas. » A ces mots, la dame devient furieuse et prête à tomber en convulsions ; elle se précipite dans une salle où était son mari avec quelques-uns de ses amis, elle le prie de la suivre et de mettre dehors l'impudent qui lui résiste. Le mari, qui était aussi faible pour sa femme qu'elle l'était pour son fils, la suit en levant les épaules, et la compagnie se met à la fenêtre pour voir de quoi il était question. « Insolent ! dit-il au valet, comment avez-vous la hardiesse de désobéir à madame, en refusant à l'enfant ce qu'il vous demande ? — En vérité, monsieur, dit le valet, madame n'a qu'à le lui donner elle-même : il y a un quart d'heure qu'il a vu la lune dans un seau d'eau, et il veut que je la lui donne. » A ces paroles, la compagnie et le mari ne purent retenir de grands éclats de rire ; la dame elle-même, malgré sa colère, ne put s'empêcher de rire aussi, et fut si honteuse de cette scène, qu'elle se corrigea et parvint à faire un aimable enfant de ce petit être maussade et volontaire. Bien des mères auraient besoin d'une pareille leçon.

La Petite Fille studieuse.

Caroline montra dès sa plus tendre enfance un grand désir de s'instruire et d'acquérir des connaissances utiles. Si elle voyait quelque chose de nouveau, elle ne se donnait pas de repos qu'elle n'en eût acquis une idée exacte. Si elle ne pouvait pas découvrir par ses propres réflexions à quoi une chose était utile et pourquoi il fallait qu'elle fût ainsi qu'elle était, elle ne cessait de questionner que lorsque son désir de savoir était satisfait. Elle allait volontiers à l'école, et elle ne prenait jamais le chemin le plus long, lors même que le temps n'était pas mauvais. Elle éprouvait une joie inexprimable quand on mettait entre ses mains un nouveau livre de lecture. Elle ne le feuilletait pas par-ci par-là, comme bien des enfants ont coutume de faire, croyant avoir lu un livre lorsqu'ils en ont remué les feuilles avec les doigts; mais elle le lisait avec lenteur et beaucoup d'attention : aussi ne demeurait-elle jamais sans savoir que répondre, quand on lui demandait ce que contenait ce livre. De même pour les ouvrages de femme, et principalement pour la couture et le tricot, elle était très-habile; et, afin de le devenir davantage encore, elle s'était faite l'aide d'une dame, qui consentit à l'instruire sous la dure condition que, pendant un an tout entier, elle travaillerait pour elle depuis le grand matin jusqu'au soir très-tard, sans attendre aucun autre salaire. Mais quand cette pénible année fut enfin écoulée, elle eut la satisfaction, non-seulement de pouvoir fournir convenablement à ses propres besoins par le travail de ses mains, mais encore d'être le soutien de sa pauvre vieille mère dans les infirmités de ses vieux jours. Ensuite son désir de savoir la porta à chercher la fréquentation des personnes intelligentes auprès desquelles elle pouvait s'instruire; par là non-seulement elle se préserva de beaucoup de périls et d'erreurs, mais elle s'attira encore la considération et l'amour des gens de bien.

FABLES CHOISIES

Les Suites de l'imprévoyance.

LA CIGALE ET LA FOURMI.

La cigale ayant chanté
    Tout l'été,
Se trouva fort dépourvue
Quand la bise [1] fut venue.
Pas un seul petit morceau
De mouche ou de vermisseau !
Elle alla crier famine
Chez la fourmi, sa voisine ;
La priant de lui prêter
Quelques grains pour subsister
Jusqu'à la saison nouvelle.
« Je vous payerai, lui dit-elle,
« Avant l'oût [2], foi d'animal !
« Intérêt et principal. »
La fourmi n'est pas prêteuse :
C'est là son moindre défaut.
« Que faisiez-vous au temps chaud ? »
Dit-elle à cette emprunteuse.
— « Nuit et jour, à tout venant
« Je chantais, ne vous déplaise.
« — Vous chantiez ? j'en suis fort aise.
« Eh bien ! dansez maintenant. »

[1] *La bise*, le vent du nord, pris ici pour l'hiver.
[2] *L'oût*, le mois d'août, temps de la moisson.

La Récompense du travail.

LE LABOUREUR ET SES ENFANTS.

Travaillez, prenez de la peine ;
C'est le fonds qui manque le moins.

Un riche laboureur, sentant sa mort prochaine,
Fit venir ses enfants, leur parla sans témoins.
« Gardez-vous, leur dit-il, de vendre l'héritage
  « Que nous ont laissé nos parents :
    « Un trésor est caché dedans.
« Je ne sais pas l'endroit, mais un peu de courage
« Vous le fera trouver : vous en viendrez à bout.
« Remuez votre champ dès qu'on aura fait l'oût [1] ;
« Creusez, fouillez, bêchez ; ne laissez nulle place
    « Où la main ne passe et repasse. »
Le père mort, les fils vous retournent le champ
De çà, de là, partout ; si bien qu'au bout de l'an
    Il en rapporta davantage.
D'argent, point de caché. Mais le père fut sage
    De leur montrer, avant sa mort,
    Que le travail est un trésor.

[1] *L'oût*, pour *l'août*, mois où l'on fait la moisson, mis ici pour la moisson même.

GÉOGRAPHIE D'HAÏTI

Haïti est le nom que portait originairement cette île, après Cuba la plus grande, avant Cuba la plus riche de l'archipel américain, et à laquelle son admirable position et l'extrême fertilité de son sol ont valu le surnom de *reine des Antilles*. Les naturels du pays l'avaient ainsi appelée à cause des mornes et des bois dont elle est, pour ainsi dire, hérissée, *haïti* signifiant en langue caraïbe, terre boisée et montueuse. Christophe Colomb, qui la découvrit, la nomma Española; les Français l'appelèrent plus tard Saint-Domingue. Depuis la déclaration d'indépendance, elle a repris son nom primitif d'Haïti.

L'île d'Haïti est située entre le 71e et le 76e degré 54 minutes de longitude occidentale, et entre le 17e degré 42 minutes et le 19e degré 56 minutes de latitude septentrionale. Elle est baignée au nord par l'océan Atlantique, au sud par la mer des Antilles, et environnée d'autres îles, dont les principales sont : au nord, les Lucayes, soumises à la domination anglaise; à l'est, Porto-Rico, appartenant à l'Espagne; à l'ouest, la Jamaïque et Cuba, appartenant, la première à l'Angleterre et la seconde à l'Espagne.

Au centre de l'île s'élève un groupe de montagnes superposées les unes aux autres, d'où sortent trois chaînes qui courent dans différentes directions. Quatre fleuves principaux en descendent; ce sont la Neiba (Neiva,

Neibe), qui traverse la vallée de Saint-Jean en courant vers le sud; le Yuna, qui arrose la plaine de la Vega vers l'est; le Yayn (Yaqui, Yaque, Saint-Yaque ou Monte-Christi), qui traverse la plaine de Santiago vers le nord; et l'Artibonite, le plus considérable de tous, qui, après avoir arrosé la partie occidentale de l'île, entre dans la mer un peu au sud des Gonaïves. Un autre fleuve, d'un cours beaucoup moindre, mais dont le lit est profond, est l'Ozama, sur les bords duquel s'élève San-Domingo. D'autres rivières moins importantes se déchargent dans le vaste étang Salé ou Leguna Enriquilo, qui forme un bassin intérieur.

Les villes principales sont Port-au-Prince, capitale de l'île, à l'ouest; les Cayes, au sud-ouest; San-Domingo, au sud-est; le Cap Haïtien au nord. On compte parmi les villes secondaires Léogame, Jacmel, Pétion, le Grand-Goave, le Petit-Goave, Saint-Louis, Jérémie, les Gonaïves, Saint-Marc, le Port-de-Paix, le Môle-Saint-Nicolas, Saint-Yague, Port-Plate, la Vega, Cotuy, Saint-Christophe, Higuey, Samana.

Les îles avoisinant Haïti et qui en dépendent sont la Tortue, l'île Gonave, les Cayemites, l'île de la Vache, Alta-Vela, l'île Saône, l'île Beata et Sainte-Catherine.

La population d'Haïti est de 800,000 âmes.

Le territoire d'Haïti est divisé, sous le rapport administratif, en départements, arrondissements, communes et paroisses; et sous le rapport militaire et financier, également en arrondissements. La justice est administrée par des juges de paix, des tribunaux civils et un tribunal de cassation, qui siège au Port-au-Prince.

Il y a, en outre, au Port-au-Prince un Hôtel des monnaies, une Chambre des comptes, un Lycée national, une École de médecine, et divers autres établissements d'instruction ou d'utilité publique. San-Domingo possède un archevêché et une université, dans laquelle on enseigne les diverses sciences.

Parmi les monuments remarquables d'Haïti on cite, au Port-au-Prince : le *Palais du Gouvernement* et le *Lycée;* au Cap Haïtien, l'*Église de Notre-Dame;* à San-Domingo, la *Cathédrale* et le *Palais* des anciens gouverneurs espagnols.

L'île d'Haïti est, ainsi que l'avons déjà dit, d'une fertilité prodigieuse ; on y cultive le café, le cacao, la canne à sucre, le gingembre, le coton, l'indigo et le tabac. Les bois les plus recherchés dans le commerce, tels que le gaïac, le campêche et l'acajou, y viennent sans culture. Ses montagnes renferment des mines d'or, d'argent, de cuivre aurifère, de fer, d'aimant, de soufre et de charbon de terre, du cristal de roche et des carrières de marbre, de schiste et de porphyre. Les mines d'or de Cotuy ont été exploitées jusque vers le milieu du dernier siècle, et elles donnaient de fort beaux produits.

La position d'Haïti à l'entrée de la mer des Antilles, sur le grand chemin de l'Europe à l'isthme de Panama, lui promet dans un avenir prochain les plus brillantes destinées commerciales.

RÉSUMÉ DE L'HISTOIRE D'HAÏTI.

Au temps de la découverte de l'Amérique, l'archipel des Antilles renfermait deux populations de mœurs différentes, mais probablement de même origine, car elles parlaient la même langue et avaient les mêmes caractères généraux : le front aplati, le nez long, prononcé et fortement aquilin, l'œil grand et brun, les lèvres minces, les cheveux noirs, plats et luisants, et la peau rougeâtre. Dans les grandes îles de Cuba, d'Haïti, de Porto-Rico, de la Jamaïque, vivaient des hommes doux, pacifiques, hospitaliers, sans soucis et sans besoins, grâce 'extrême modération de leurs désirs et à l'inépuisable richesse du sol, passionnés pour la chasse, la pêche et la danse, gouvernés paternellement par des caciques ou chefs qui jugeaient leurs différends, et pour lesquels ils avaient la plus profonde vénération. Dans les petites îles habitaient des sauvages cruels, inhospitaliers, anthropophages, toujours en guerre les uns avec les autres ou avec leurs voisins des grandes îles, au sein desquelles ils faisaient des incursions meurtrières, dévorant les ennemis tués pendant le combat et réservant les prisonniers pour leurs festins ultérieurs. Les premiers furent appelés Indiens par Christophe Colomb ; les seconds étaient les Caraïbes.

Lorsque l'illustre navigateur génois aborda à Haïti, le 6 décembre 1492, après avoir découvert San-Salvador, Cuba et quelques autres îles, les indigènes, d'abord épouvantés par la grandeur des navires espagnols et les détonations de l'artillerie, mais bientôt rassurés par les démonstrations bienveillantes de Colomb, firent aux étrangers l'accueil le plus cordial et le plus empressé. On rapporte pourtant que des traditions menaçantes couraient le pays, et que les dieux de l'île avaient annoncé la prochaine arrivée d'hommes nouveaux, ayant de grands poils au menton et vêtus des pieds à la tête, qui détruiraient le vieux culte et dépeupleraient le sol. Mais ces peuples simples et naïfs oublièrent l'oracle, et, subjugués par l'ascendant des nouveaux venus dont ils prenaient le canon pour le tonnerre, ils les regardèrent comme des êtres d'une nature supérieure, les crurent descendus du ciel, et leur offrirent leurs plus beaux fruits et leurs plus belles fleurs, comme à de véritables divinités. Haïti était alors partagée en cinq tribus indépendantes les unes des autres.

L'admiration des Indiens pour les Espagnols ne tarda pas, du reste, à s'évanouir. Les compagnons de Christophe Colomb abusèrent de leur supériorité sur eux, et les soumirent aux plus cruelles vexations, les contraignant à leur porter sans cesse de l'or, détruisant leurs huttes, et enlevant leurs femmes et leurs filles. Une révolte formidable eut lieu; cent mille hommes se levèrent contre leurs oppresseurs; ils furent dispersés par deux cent trente Espagnols aidés de leur artillerie et d'un corps de vingt chevaux, dont l'aspect et les élans rapides terrifièrent les indigènes, qui n'avaient jamais vu de pareils animaux. On fit un carnage affreux des vaincus ; on organisa la chasse contre les fuyards avec des limiers dressés à cet effet ; on condamna tous les habitants à un travail forcé pour satisfaire la cupidité des envahisseurs ; on en vint à faire moins de cas de la vie d'un Indien que de celle d'un insecte qu'on écrase en marchant. D'autres insurrections s'ensuivirent ; elles furent réprimées avec une férocité incroyable. Enfin d'excès en excès, de cruautés en cruautés, on en arriva à exterminer en cinquante ans la population tout entière. Au moment où Christophe Colomb avait débarqué à Haïti, on assure que l'île avait trois millions d'âmes ; en 1525, ce nombre était réduit à quinze mille ; en 1542, au témoignage d'un contemporain, il n'en restait plus que deux cents.

Les dominateurs du pays, voyant avec quelle effroyable rapidité disparaissait la race des indigènes, avaient cherché à combler les vides en attirant à Haïti les naturels des îles voisines ; mais la mort, qui s'offrait à eux sous mille formes, eut raison de ceux-ci comme des autres. Alors, pour repeupler ce désert, qu'on appelait Española, on eut recours à des moyens infâmes ; on imagina d'aller dépeupler les côtes d'Afrique, et entre les Antilles et la Guinée il s'organisa un commerce sans nom, dont l'objet était la chasse et la vente de l'homme.

Cependant les Espagnols ne jouirent pas longtemps seuls de leur riche possession. Les merveilleux récits qui arrivaient d'Amérique avaient mis en émoi tout ce que l'Europe comptait de gens disposés à courir les aventures. Vers la fin du seizième siècle et dans les commencements du dix-septième, des bandes de hardis compagnons se formèrent en France et en Angleterre, et passèrent les mers pour avoir leur part de ce grand pillage du nouveau monde. L'île Saint-Christophe, où ils s'établirent, leur servit d'abord de point d'appui; ils rayonnèrent de là sur les îles voisines, et s'emparèrent de la côte nord de Saint-Domingue, puis de l'île de la Tortue, qui devint leur place d'armes. Des luttes terribles s'engagèrent entre eux et les Espagnols, dans lesquelles ces *boucaniers* ou *flibustiers* [1] déployèrent un héroïsme extraordinaire et une indomptable férocité. L'élément français prévalut à la longue sur l'élément anglais à l'île de la Tortue et sur la côte de Saint-Domingue. En 1665, Bertrand d'Ogeron y fut envoyé de France avec le titre de gouverneur pour le compte de la Compagnie des Indes occidentales; il disciplina les flibustiers et développa singulièrement les forces de la colonie naissante. En 1697, à la paix de Ryswick, les droits de la France sur une partie de Saint-Domingue furent solennellement reconnus par l'Espagne, et les limites de ses possessions furent fixées à la pointe du cap Rose au nord, à la pointe de la Béate au sud.

[1] On les appelait *boucaniers*, parce qu'au retour de la chasse aux bœufs sauvages, qui formaient leur principale nourriture, ils en faisaient sécher la viande à la fumée dans des *boucans* ou lieux semblables à ceux où les Caraïbes, dont ils avaient emprunté la méthode, faisaient sécher la chair de leurs prisonniers. Le nom de *flibustiers* leur vint du mot anglais *freebooter*, qui veut dire forban, pillard, pirate.

De 1697 à 1789, la colonie prospéra, mais à quel prix? Au prix d'horribles et incessantes souffrances pour la population noire. De nombreuses villes se fondèrent; l'île se couvrit de plantations et de manufactures; elle devint le centre d'un vaste commerce d'exportation. En 1776, une nouvelle convention fut conclue avec le gouvernement espagnol pour le règlement définitif des limites, et fixa la frontière française aux anses à Pitre pour le sud, au fort Dauphin et à la baie de Mancenille pour le nord. Quelques années plus tard, le 24 juillet 1795, par le traité de Bâle, la cour de Madrid devait céder à la France la partie espagnole de Saint-Domingue.

En 1789, une ère nouvelle s'ouvre pour Saint-Domingue. La révolution française, en proclamant les grands principes de justice et de liberté qui vont désormais éclairer la marche des sociétés modernes, fait tressaillir jusqu'en ses fondements cette terre où l'oppression, jadis exercée par les Espagnols sur les Indiens, pèse non moins lourdement, depuis bientôt deux siècles, sur les enfants d'une autre race. Les colons blancs poussent le cri d'indépendance à l'égard de la métropole; les noirs y répondent par le cri d'émancipation. Une guerre féconde en drames effrayants et en sanglantes catastrophes éclate après l'exécution de Jacques Ogé, qui a le premier réclamé les armes à la main, pour les opprimés, la jouissance des droits civils et politiques; cette guerre, souvent interrompue par des trêves, mais toujours reprise avec la fureur du désespoir, ne cessera qu'à la fin de 1803 par l'expulsion définitive des Français. La grande insurrection commence sous l'impulsion de Boukmann, le 22 août 1791 ; elle est soutenue par Jean-François Biassou, Beauvais, Rigaud, Pétion, Hyacinthe. Le 29 août 1793, le commissaire de la République française Sonthonax, prononce au Cap l'affranchissement général des esclaves, aux termes d'un décret rendu, le 5 février précédent, par la Convention.

Dès ce moment, il ne s'agit plus seulement pour les noirs de défendre leur liberté qu'ils viennent d'acheter au prix de tant de sang, il s'agit encore de conquérir leur indépendance. C'est à quoi travaille énergiquement Toussaint Louverture, aidé de Dessalines, de Christophe, de Clairvaux, etc. Il est sur le point d'y réussir, lorsque paraît sur les côtes, le 3 février 1802, l'expédition envoyée par le premier consul Bonaparte, sous les ordres de son beau-frère Leclerc, pour ressaisir la domination de Saint-Domingue et y rétablir l'esclavage. Toussaint Louverture, forcé de déposer les armes après une résistance héroïque, dont un des plus brillants épisodes fut l'admirable défense du poste de la Crête-à-Pierrot par le général Dessalines, traite avec le général Leclerc ; un mois plus tard on s'empare de sa personne, et il est déporté en France, où il meurt l'année suivante à Besançon, dans un cachot sombre et humide.

Après la disparition de Toussaint Louverture, l'insurrection recommence et s'étend comme un incendie sur tous les points de l'île. Les Français entourés d'un cercle toujours croissant d'ennemis, et décimés, en outre, par les fièvres, sont successivement refoulés de toutes les positions qu'ils occupaient, et enfermés enfin dans la ville du Cap, où Dessalines va les assiéger avec vingt-sept mille hommes; ils capitulent le 19 novembre 1803. La lutte est terminée après treize ou quatorze ans de carnage. L'acte d'indépendance est proclamé le 1er janvier 1804, et Saint-Domingue redevient Haïti.

En même temps qu'avait lieu cette proclamation, Dessalines était nommé gouverneur général à vie; le 8 octobre 1804, il ceignit la couronne impériale, sous le nom de Jacques 1er, après avoir publié une constitution. Deux ans après, une révolte éclata parmi ses principaux officiers, et ses soldats le mirent à mort.

Christophe fut aussitôt nommé chef suprême du gouvernement, et une Assemblée se réunit au Port-au-Prince pour rédiger une constitution nouvelle. Christophe voulut dissoudre l'Assemblée; Pétion marcha contre lui pour la défendre. Pétion fut battu dans les plaines de Sibert, et son rival mit le siége devant Port-au-Prince; mais forcé bientôt de le lever, il se retira dans le nord, laissant l'Assemblée constituante installer la république dans l'ouest et le sud, et appeler Pétion à la présidence. Alors Haïti se trouva partagée en deux, et peu après en trois gouvernements : le gouvernement de Christophe au nord et au nord-ouest; le gouvernement de Rigaud au sud; le gouvernement de Pétion au sud-ouest. Le général Rigaud étant mort sur ces entrefaites, Pétion hérita de son influence dans le sud et gouverna la république d'Haïti, pendant que Christophe prenait le titre de roi et se faisait couronner sous le nom d'Henri Ier, le 2 juin 1814.

En 1816, Pétion fit réviser la constitution républicaine du 27 décembre 1806, et fut nommé président à vie, avec la faculté de désigner son successeur : il mourut le 29 mars 1818. Le général Boyer, qui lui succéda sur sa désignation, marcha contre Christophe menacé par une conspiration dans laquelle trempaient ses principaux officiers. Christophe, abandonné de son armée, se suicida le 8 octobre 1820. Boyer entra au Cap, et la réunion du royaume du nord à la république du sud fut un fait accompli. Deux ans après, la province de l'est, qui avait été rendue à l'Espagne en 1814 par le traité de Paris, se donna à la République, et l'étendard haïtien flotta sur l'île tout entière.

Ce fut sous la présidence de Boyer que le 11 juillet 1825, la France, par l'organe de M. de Mackau, alors capitaine de vaisseau, reconnut solennellement, en présence du sénat haïtien, l'indépendance pleine et entière du gouvernement d'Haïti, moyennant une indemnité de cent cinquante millions de francs, qui depuis a été réduite à soixante par un nouveau traité en faveur des anciens colons propriétaires à Saint-Domingue.

La présidence du général Boyer dura vingt-cinq années. Le 1er février 1843, la ville des Cayes se souleva contre lui sous la conduite du commandant d'artillerie Rivière Hérard; la révolte devint bientôt générale; Boyer dut abdiquer le 14 mars suivant. Un gouvernement provisoire fut installé au Port-au-Prince; une Assemblée constituante se réunit et promulgua, le 31 décembre, une nouvelle constitution. Rivière Hérard fut élu président, puis renversé, le 3 mai 1844, et remplacé par Philippe Guerrier, qui prononça la suspension de la Constitution et institua un Conseil d'État.

Guerrier étant mort en 1845, le général Louis Pierrot

fut appelé à la présidence par le Conseil d'État. Frappé de déchéance, le 1er mars 1846, le général Pierrot céda la place à J.-B. Riché, qui remit en vigueur la constitution de 1816, jusqu'au moment où le Sénat décréta une nouvelle constitution (16 novembre).

Le 27 février 1847, après la mort de Riché, la présidence fut dévolue au général Faustin Soulouque. Le 26 août 1849, le président Soulouque a été proclamé empereur d'Haïti, sous le nom de FAUSTIN Ier. Son couronnement a eu lieu le 15 avril 1852, au Port-au-Prince.

Le 15 janvier 1859, la République est proclamée ; Geffrard est nommé président.

SOMMAIRE CHRONOLOGIQUE.

1492. — 6 *décembre*. Débarquement de Christophe Colomb à Haïti, dans un petit port formé par un cap auquel il donne le nom de Saint-Nicolas.
1494. — Christophe Colomb fonde la ville d'Isabelle et le fort San-Domingo, devenu depuis la ville du même nom, à l'embouchure de l'Ozama.
1495. — Défaite de 100,000 Indiens dans la plaine de Vega Real, par C. Colomb.
1500. — Christophe Colomb est définitivement rappelé en Europe.
1505. — Il meurt dans la disgrâce à Valladolid, en Espagne.
1506. — Introduction à Haïti de la canne à sucre.
1511. — Cédule du roi d'Espagne ordonnant de transporter aux îles des noirs de Guinée.
1542. — Le nombre des Indiens à Haïti est réduit à deux cents.
1586. — La ville San-Domingo est prise et ruinée par l'amiral anglais, sir Francis Drake.
1625. — Établissement des aventuriers français et anglais à l'île Saint-Christophe, et formation en France de la Compagnie des îles.
1630. — Expédition victorieuse de l'amiral espagnol, don Frédéric de Tolède, contre l'île Saint-Christophe.
1640. — L'île de la Tortue devient le quartier général des flibustiers.
1665. — Organisation de la Compagnie des Indes occidentales, à laquelle sont concédées toutes les possessions françaises des Antilles.
1666. — Introduction du cacao à Saint-Domingue.

1678. — Insurrection des noirs; elle est cruellement réprimée par les flibustiers devenus planteurs.
1685. — Installation d'un conseil supérieur de justice au Grand-Goave. D'autres siéges royaux sont établis à Léogane, au Petit-Goave, au Port-de-Paix et au Cap français.
1695. — La partie française de Saint-Domingue est ravagée par les forces combinées de l'Espagne et de l'Angleterre.
1697. — Les flibustiers s'en dédommagent par la prise de Carthagène, sous les ordres de M. de Pointis; mais ils sont exterminés au retour par la flotte anglo-hollandaise. — Traité de Ryswick, qui assure aux Français la possession de la partie occidentale de Saint-Domingue.
1712. — Dissensions entre les colons de la partie française de Saint-Domingue et la compagnie de Saint-Louis, investie du monopole des ventes et des achats dans l'ile.
1727. — Naturalisation du cafier à la Martinique, d'où il se répand dans les autres Antilles.
1770. — Saint-Domingue est bouleversée par un tremblement de terre, qui détruit Port-au-Prince.
1776. — Traité des limites entre la France et d'Espagne.
1789. — Fermentation à Saint-Domingue à la nouvelle de la révolution française. Des assemblées provinciales se forment au Cap, au Port-au-Prince et aux Cayes.
1790. — 15 avril. Réunion d'une assemblée générale à Saint-Marc, exclusivement composée de blancs; elle publie les bases d'une constitution coloniale; elle est dissoute par le gouverneur Peynier, résiste, et finit par s'embarquer pour la France, où ses actes sont annulés et ses membres mis en prison. — Jacques Ogé et son frère Vincent prennent les armes pour réclamer l'exécution du décret de l'Assemblée constituante de France, en date du 8 mars, sur la jouissance des droits civils et politiques. Livrés par

les Espagnols, chez lesquels ils ont cherché un asile, ils sont rompus vifs au Cap, le 18 février 1791.

1791. — 22 *août*. Insurrection des noirs de l'habitation Turpin, sous les ordres de Boukmann, qui périt dans le premier combat engagé contre la troupe et la garde nationale du Cap.

1792. — 28 *mars*. La garde nationale du Port-au-Prince est battue par Hyacinthe à la tête d'une armée de noirs. — 17 *septembre*. Arrivée au Cap des commissaires français Sonthonax, Polverel et Ailhaud.

1793. — 5 *février*. — Décret de la Convention portant abolition de l'esclavage dans les colonies françaises. — 29 *août*. Sonthonax proclame l'affranchissement général des esclaves. — 22 *septembre*. Les Anglais débarquent à Jérémie, et s'emparent du môle Saint-Nicolas, de Saint-Marc, de l'Arcahaye, de Léogane, du Grand-Goave et de plusieurs autres villes du sud.

1794. — 5 *juin*. Les Anglais entrent au Port-au-Prince. Ils tentent en vain de séduire le général Rigaud et le général de Laveaux, gouverneur par intérim de l'île.

1795. — Traité de Bâle, par lequel est cédée aux Français la partie espagnole de Saint-Domingue. — Toussaint Louverture aide puissamment à refouler les Anglais maîtres du sud de l'île.

1796. — Dissension entre Toussaint et les généraux Rigaud et Villate.

1797. — Toussaint Louverture est nommé général de division par le commissaire Sonthonax.

1798. — Il achève d'expulser les Anglais de l'île et entre au Port-au-Prince, où on lui fait une réception triomphale.

1799. — Nouvelles dissensions entre Toussaint et Rigaud, qui est obligé de se réfugier en France en 1800.

1801. — 16 *janvier*. Toussaint Louverture prend possession de la partie est de l'île et de San-Domingo, aux termes du traité de Bâle. — 2 *juin*. Il fait proclamer une constitution qui lui confère le gouvernement général à vie de la colonie, avec le droit d'élire son successeur.

1802. — 3 *février*. L'expédition commandée par Leclerc paraît devant le Port-au-Prince. — Incendie du Cap par les soldats de Toussaint pendant le débarquement des Français. Belle défense du poste de la Crête-à-Pierrot par Dessalines. Progrès des envahisseurs. Toussaint Louverture traite avec le général Leclerc ; il est traîtreusement déporté en France.

1803. — Insurrection générale. Les Français sont expulsés de toute la partie française de l'ile. Une poignée d'entre eux continue à occuper San-Domingo, sous les ordres du général Ferrand, et en conservera la possession jusqu'en 1809.

1804. — 1er *janvier*. Proclamation de l'indépendance d'Haïti. Dessalines est nommé gouverneur général à vie. — 8 *octobre*. Il devient Empereur, sous le nom de Jacques Ier.

1806. — 17 *octobre*. Il périt de mort violente. — Rivalité de Christophe et de Pétion. Haïti se scinde en deux gouvernements.

1807. — 1er *janvier*. Combat de Sibert entre les armées de Christophe et de Pétion, suivi du siége du Port-au-Prince. — 9 *mars*. Pétion est élu président de la République d'Haïti.

1810. — 7 *avril*. Le général Rigaud revient de France, et établit un troisième gouvernement aux Cayes.

1814. — 2 *juin*. Christophe est couronné roi au Cap, sous le nom d'Henri Ier.

1818. — 29 *mars*. Mort d'Alexandre Pétion, auquel succède, en qualité de président, le général Boyer.

1819. — Répression de la révolte de Goman, qui avait essayé de se fonder un État dans les montagnes des environs de Jérémie.

1820. — 8 *octobre*. Suicide du roi Christophe, suivi de la réunion de son territoire à la République du sud.

1822. — 26 *janvier*. Réunion de la province espagnole de l'est à la République haïtienne.

1825. — 17 avril. Ordonnance du roi de France, Charles X, portant reconnaissance de l'indépendance pleine et entière d'Haïti. — 11 juillet. Acceptation et entérinement de cette ordonnance par le Sénat de la République haïtienne.

1833. — Formation d'une opposition contre le gouvernement de Boyer.

1839. — L'opposition gagne du terrain, et l'agitation se répand dans le pays.

1842. — 7 mai. Un violent tremblement de terre détruit le Cap haïtien, San Yago, le Port-de-Paix et les Gonaïves.

1843. — 1er février. Soulèvement de la ville des Cayes sous les inspirations de Rivière Hérard. — 14 mars. Le président Boyer envoie son abdication au Sénat. — 4 avril. Nomination d'un gouvernement provisoire. — 15 septembre. Réunion d'une Assemblée constituante au Port-au-Prince. — 31 décembre. Promulgation d'une nouvelle constitution.

1844. — 14 janvier. Rivière Hérard est élu président. — 3 mai. Il est remplacé par Philippe Guerrier, qui suspend la Constitution et nomme un Conseil d'État.

1845. — 15 avril. Mort de Guerrier, et présidence du général Louis Pierrot, élu par le Conseil d'État.

1846. — 1er mars. Le général Pierrot, déchu de ses fonctions, est remplacé dans le fauteuil de la présidence par J.-B. Riché. — 14 novembre. Nouvelle Constitution décrétée par le sénat.

1847. — 27 février. Mort de Riché et élection du général Faustin Soulouque à la présidence.

1849. — 26 août. Transformation de la République d'Haïti en Empire, et avénement au trône impérial du président Soulouque, sous le nom de Faustin Ier.

1852. — 15 avril. Couronnement de l'empereur.

1859. — 15 janvier. Proclamation de la République.

FIN.

Paris.—Imprimé chez Bonaventure et Ducessois, 55, quai des Augustins.

www.ingramcontent.com/pod-product-compliance
Lightning Source LLC
Chambersburg PA
CBHW060936050426
42453CB00009B/1037